Bibliografische Information der Deutschen Nationalbibliothek:

Die Deutsche Bibliothek verzeichnet diese Publikation in der Deutschen National-
bibliografie; detaillierte bibliografische Daten sind im Internet über http://dnb.d-
nb.de/ abrufbar.

Impressum:

Copyright © 2005 GRIN Verlag, Open Publishing GmbH
Druck und Bindung: Books on Demand GmbH, Norderstedt Germany
ISBN: 9783640628988

Dieses Buch bei GRIN:

http://www.grin.com/de/e-book/151240/biologische-theorien-affektiver-stoerungen-
neurochemie-und-neuroendokrinologie

Matthias Becker

Biologische Theorien affektiver Störungen: Neurochemie und Neuroendokrinologie.

GRIN Verlag

GRIN - Your knowledge has value

Der GRIN Verlag publiziert seit 1998 wissenschaftliche Arbeiten von Studenten, Hochschullehrern und anderen Akademikern als eBook und gedrucktes Buch. Die Verlagswebsite www.grin.com ist die ideale Plattform zur Veröffentlichung von Hausarbeiten, Abschlussarbeiten, wissenschaftlichen Aufsätzen, Dissertationen und Fachbüchern.

Besuchen Sie uns im Internet:

http://www.grin.com/

http://www.facebook.com/grincom

http://www.twitter.com/grin_com

Universität Potsdam

Institut für Psychologie

Seminar: Affektive Störungen:

Symptomatik, Diagnostik, Ätiologie und Behandlung

Wintersemester 2004/2005

Referatsausarbeitung

Biologische Theorien affektiver Störungen:
Neurochemie/ Neuroendokrinologie

Autor: Matthias Becker

Inhaltsverzeichnis

1   Einleitung

Es existieren eine Reihe von psychologischen Theorien, die versuchen, die Ursachen affektiver Erkrankungen zu erklären. Jedoch gibt es neben diesem Bereich, der psychoanalytische, kognitive sowie interpersonale Theorien umfasst, das Feld der biologischen Erklärungsansätze.

Biologische Prozesse können die Stimmungslage von Personen erheblich beeinflussen. Es ist nachvollziehbar, dass z. B. der gesundheitlich bedingte Verzicht auf Genussmittel oder der krankheitsbedingte Verzicht auf geliebte Aktivitäten negative Rückwirkungen auf die affektive Lage von Personen haben kann. Die Suche nach biologischen Ursachen in der Forschung hat klar belegt, dass bei ernsthaften affektiven Erkrankungen biochemische und physiologische Veränderungen zu finden sind. Neben der Identifikation von genetischen Faktoren fielen dabei besonders neurochemische und neuroendokrinologische Besonderheiten auf, die in dieser Ausarbeitung im Mittelpunkt stehen sollen. Nach einer Zusammenfassung der klassischen neurochemischen Neurotransmittermangeltheorien, deren Weiterentwicklungen und alternativen Erklärungen soll auf zwei relevante neuroendokrinologische Systeme, die Hypothalamus-Hypophysen-Nebennierenrinden-Achse und die Hypothalamus-Hypophysen-Schilddrüsen-Achse eingegangen werden.

2   Affektive Störungen als Folge von neurochemischen Besonderheiten

Seit den 50er Jahren führten Entdeckungen bezüglich der Wirkungsweise bestimmter Substanzen zur Entwicklung biologischer Theorien affektiver Erkrankungen. Zu diesen Substanzen gehört das Mitte der 50er Jahre als wirkungsvoller Blutdrucksenker eingeführte Medikament Reserpin. Es stellte sich bald heraus, dass diese Substanz erhebliche Einflüsse auf Stimmung und Antrieb der Patienten haben kann: bei 15% der Fälle traten, jedoch nur bei längerer Behandlung, schwere Depressionen als Nebenwirkung auf. Reserpin bewirkt in Neuronen die Freisetzung von Monoamintransmittern aus den Versikeln, jedoch nicht in den synaptischen Spalt, sondern ins Zytoplasma, wo sie rasch abgebaut werden. Die Einnahme von Reserpin führt also zu einer verringerten Verfügbarkeit von Transmittern für die synaptische Übertragung.

Eine weitere Substanzgruppe, die in die Aufmerksamkeit der Forschung rückte, sind die so genannten Monoaminooxidase-Hemmer (im folgenden MAO-Hemmer genannt). Eine

Reihe von Studien zu solchen Medikamenten, die das Enzym Monoaminooxidase hemmen, belegten deren antidepressive Wirkung. Das Enzym Monoaminooxidase ist für den Abbau von Monoaminen zuständig, zu denen auch eine Reihe von Neurotransmittern wie z. B. Noradrenalin, Serotonin und Dopamin gezählt werden. Somit führt die Hemmung des Abbauenzyms zu erhöhter Verfügbarkeit von bestimmten Neurotransmittern (Berger, 1999).

Auch die geklärte antidepressive Wirkung von Trizyklika führte zur Formulierung erster Theorien bezüglich der Entstehung affektiver Störungen. Die Hemmung der (prä-)synaptischen Wiederaufnahme freigesetzter Amine bewirkt eine Erhöhung der verfügbaren Mengen dieser Substanzen in den Synapsen (Hautzinger, 1997).

Aufgrund dieser Befunde wurde von Bunney, Davis sowie von Schildkraut (1965) die Katecholaminmangelhypothese depressiver Störungen vorgeschlagen. Diese erste Theorie besagt, dass zumindest einige Formen der Depression mit einem relativen oder absoluten Mangel von Katecholaminen, speziell Noradrenalin einhergehen; entsprechend sollte Überschuss dieser Stoffe mit gehobener Stimmung verbunden sein (Köhler, 1999).

2.1 Die klassische Monoaminmangelhypothese

Relativ früh wurde jedoch diese frühe Theorie um einen weiteren Neurotransmitter, das Serotonin erweitert. In diesen Monoaminmangelhypothesen (u. a. Coppen, 1967) wird sowohl der Mangel von Noradrenalin als auch von Serotonin als Grundlage depressiver Symptomatik gesehen (Köhler, 1999).

Die Hinzunahme des Serotonins in die bisherigen Theorien war durchaus plausibel, denn eine Reihe von Befunde deuteten auf eine Mitwirkung ebendieses Neurotransmitters bei affektiven Erkrankungen hin. So fand sich z. B. in einigen Hirnregionen von Suizidopfern ein reduzierter Serotoningehalt. Außerdem wurde eine verminderte Konzentration des Serotonin-Abbauprodukts 5-HIAA im Liquor Depressiver nachgewiesen (Davison, Neale & Hautzinger, 2002).

Trotz der genannten Befunde, die die Beteiligung zentralnervöser neurochemischer Vorgänge bei affektiven Erkrankungen klar belegen, lassen die frühen Mangeltheorien einige Fragen unbeantwortet. Zum einen herrscht Unklarheit darüber, wo die Grundlage des Monoaminmangels zu suchen ist. Des weiteren lässt sich nach den vorliegenden Befunden depressive Symptomatik sowohl durch Förderung der Synthese, Verstärkung der Ausschüttung, Hemmung der Wiederaufnahme und Verhinderung des Abbaus positiv beeinflussen. Jedoch ist eher unwahrscheinlich, dass jeder einzelne dieser Prozesse gestört ist, naheliegender wäre die Annahme, dass ein Eingriff an einer der o. g. Stellen eventuell eine Fehlregulation andernorts ausgleicht (Köhler, 1999). Zudem bleibt ungeklärt, ob die erwähnten Mangelerscheinungen für sämtliche Formen der Depression Gültigkeit haben. Auch ist die relative Bedeutung von Noradrenalin- und Serotoninmangel, also der gegenseitige Bezug beider Systeme noch nicht geklärt (ebenda).

Neben den o. g. offenen Fragen weisen die klassischen Monoaminmangel-Hypothesen auch deutliche Defizite auf. Zum einen lässt sich durch sie nicht erklären, warum die depressiogene Wirkung des Reserpins erst nach langzeitlicher Anwendung zu finden ist und dann auch nur bei max. 20% der Fälle. Warum zeigt sich dieser Effekt nicht schneller nach Gabe des Reserpins und nicht bei mehr Fällen? Zum anderen setzt die depressionslösende Wirkung von Antidepressiva erst nach einem Intervall von mindestens einer bis zwei Wochen ein, obwohl die pharmakologische Wirkung unmittelbar nach der Gabe der Medikamente nachweisbar wird. Außerdem wirken auch „atypische Antidepressiva", Substanzen die keinen Einfluss auf Noradrenalin und Serotonin nehmen (Berger, 1999).

Bei Untersuchungen zu diesem Zusammenhang stellt sich immer wieder das methodische Problem, dass direkte Messungen der Neurotransmitterkonzentrationen im synaptischen Spalt nicht möglich sind. Jedoch führte die Möglichkeit, Rezeptoren zu untersuchen, zu einer Reihe von aufklärenden Befunden. Zum Beispiel wurde vielfach nachgewiesen, dass die akute Gabe von Antidepressiva die Konzentration biogener Amine im synaptischen Spalt erhöht, wobei die chronische Gabe die Anzahl und die Bindungskapazität bestimmter Rezeptoren vermindert. Dieser Vorgang der Down-Regulation genannt wird, wurde besonders bei den noradrenergen β-Rezeptoren nachgewiesen. Die Beobachtung, dass die Zeit der Down-Regulation mit der Zeit bis zur Einsetzung der antidepressiven Wirksamkeit der Medikamente übereinstimmt, führte zu der Annahme, dass in der depressiven Phase eine Supersensitivität der β-Rezeptoren entscheidend sei (Berger, 1999). Weitere Forschungsergebnisse belegten eine Erweiterung dieser Annahme um weitere Rezeptoren, insbesondere um Serotonin-Rezeptoren. Diese Befunde führten zur Formulierung von Rezeptor-Sensitivitäts-Hypothesen, auf die im folgenden näher eingegangen werden soll.

2.2 Rezeptor-Sensitivitäts-Hypothesen

Diese Hypothesen gehen davon aus, dass Funktionsstörungen in der Erregungsweiterleitung nicht durch die herabgesetzte Menge an Neurotransmitter bedingt sind, sondern durch Störungen in der Empfindlichkeit prä- und postsynaptischer Rezeptoren zustande kommen (Hautzinger, 1997). Auch wenn diese Hypothesen zwar einen gewissen Fortschritt gegenüber den ursprünglichen Mangelhypothesen markieren, weisen jedoch auch sie deutliche Defizite auf: zunächst basieren sie vornehmlich auf Tierversuchen. Studien am Menschen beschränken sich auf Untersuchungen an peripheren Zellen (Lymphozyten), deren Modellcharakter für zentralnervöse Prozesse umstritten ist. Außerdem existieren effiziente Antidepressiva, die keine nennenswerte Down-Regulation bewirken (Berger, 1999).

Ein anderer Weg berücksichtigt die zum Teil antagonistische Wirkung der verschiedenen Neurotransmitter. Aufgrund der Annahme möglicher Ungleichgewichte zwischen einzelnen Neurotransmitter (-systemen) wurden theoretische Krankheitsmodelle formuliert (Köhler, 1999). Als Beispiel sei hier die Cholinerg-aminerge Inbalance-Hypothese von Janowsky et al. (1972) angeführt.

2.3 Die cholinerg-aminerge Inbalance-Hypothese

Bei dieser Modellannahme wird von einem Überwiegen des cholinergen Systems in der depressiven Phase und von einem relativen Übergewicht des aminergen Systems in der manischen Phase ausgegangen (Hautzinger, 1997). Diese Hypothese wird durch den depressiogenen Effekt von Physostigmin gestützt. Diese Substanz hemmt das Cholin- abbauende Enzym, was eine Erhöhung der Acetylcholin- Konzentration bewirkt. Dieser Zusammenhang führt bei gesunden Personen zu depressionsähnlichen Zuständen und bei Depressiven zu einer Verschlechterung der Symptomatik, jedoch lassen sich damit manische Phasen erfolgreich therapieren (Berger, 1999). In Hinblick auf das aminerge System bewirkt eine Reduzierung aminerger Transmitter (etwa durch Gabe von AMPT) depressionsähnliche Symtomatik, eine Erhöhung aminerger Transmitter (z. B. durch Amphetamine) kann dagegen manische Affektlagen auslösen (ebenda).

Auch eine Reihe weiterer Befunde weisen auf eine dynamische, gegenregulatorische Interaktion zwischen aminergen und cholinergen Systemen hin (Berger, 1999). Es scheint also eine Dysregulation eines regulatorischen, homöostatischen Systems vorzuliegen. Neben der

Transmitter- und Rezeptorebene rückt zunehmend die Aufklärung von „second-messenger"-Systemen in den Mittelpunkt der Forschung.

2.4 „second-messenger"-Mechanismen

„Second-messenger"-Systeme stellen intrazelluläre Regulationsmechanismen dar, sie spielen eine wesentliche Rolle in der Balance der Erregungsweiterleitung, sind für die Signaltransmission von der Zelloberfläche ins Zellinnere verantwortlich und sind an der intrazellulären Modulation der Signalweiterleitung beteiligt. Signale werden nicht nur über „first-messenger"-Systeme (Neurotransmitter) zwischen Zellen übertragen, sondern auf Zellmembranen eintreffende Informationen werden durch „second-messenger"- Mechanismen auch ins Zellinnere übermittelt, was u. a. Einflüsse auf die Genexpression hat. Befunde der Prophylaxe-Medikamente Lithium und Carbamazepin deuten auf ein Mitwirken dieser Systeme bei der Entstehung affektiver Erkrankungen hin (Berger, 1999).

2.5 Zusammenfassung

Weder die klassische Monoaminmangel-Hypothese, deren Erweiterung auf die Ebene der Rezeptoren und „second-Messenger"- Mechanismen, noch die Inbalance-Hypothesen können bislang die Anforderungen an ein allgemeingültiges, biologisches Depressionsmodell erfüllen (Berger, 1999). Generell sind die Befunde noch zu unspezifisch. Affektive Erkrankungen sind in ihrer Heterogenität kaum auf Störungen eines bestimmten Transmittersystems oder Rezeptors zurückzuführen, sondern eher auf „Dysbalancen multipler Transmittersysteme" (Hautzinger, 1997, S. 197).

Aus dem momentanen Forschungsstand lässt sich folgern, dass Defizite und Fehlregulationen im Aminhaushalt keine notwendige Bedingung für affektive Störungen sind, ebenso wenig wie Rezeptorveränderungen zwangsläufig zu Depression führen (ebenda).

3 Affektive Störungen als Folge von Fehlregulationen in diversen Hormonsystemen: Neuroendokrinologie

Eine Reihe von Untersuchungen sprechen für eine Beteiligung des neuroendokrinen Systems an der Depression. Jedes der bisher genannten Neurotransmittersysteme ist in sich hoch komplex, hoch spezifisch organisiert und wird von Neuropeptiden und neuroendokrinen Substanzen moduliert (Hautzinger, 1997). Trotz der bis dato noch sehr unspezifischen neuroendokrinologischen Befunde sind besonders zwei neuroendokrine Systeme in die Aufmerksamkeit der Depressionsforschung gerückt, und zwar zum einen die sogenannte Hypothalamus-Hypophysen-Nebennierenrinden- Achse und zum anderen die sogenannte Hypothalamus-Hypophysen-Schilddrüsen- Achse. Das erstgenannte System stellt den unter Stress aktivierten Regelkreis für die Sekretionsregulation der Glucocorticoide, im besonderen des Cortisols dar, das letztgenannte System hat Einfluss auf die Ausschüttung der Schilddrüsenhormone (Schandry, 2003).

Die zentralnervösen Hirnregionen Hypothalamus und Hypophyse sind beide stark mit limbischen und thalamischen Regionen verbunden, die in die Regulation von Emotionen, Schlaf, Appetit, Belohnung, Libido, u. v. m. eingreifen (Schandry, 2003). Sämtliche dieser Funktionen sind in der Symptomatik affektiver Störungen wiederzufinden, was die Beteiligung dieser Hirnareale bei affektiven Erkrankungen sehr plausibel erscheinen lässt. Der Hypothalamus ist die Schnittstelle zwischen dem zentralen Nervensystem und dem endokrinen System, er kontrolliert über die Hypophyse verschiedene endokrine Drüsen und damit deren Hormonausschüttung. Er bildet die Hauptschaltstelle des vegetativen Nervensystems, die Hypophyse ist das Ausführungsorgan des Hypothalamus (Schandry, 2003). Auf die eben genannten neuroendokrinen Systeme Hypothalamus-Hypophysen- Nebennierenrinden-Achse und Hypothalamus-Hypophysen-Schilddrüsen-Achse soll im folgenden näher eingegangen werden.

3.1   Hypothalamus-Hypophysen-Nebennierenrinden-Achse

Abbildung 1 zeigt dieses neuroendokrine System stark vereinfacht, es wird in seiner Wirkung von Noradrenalin gehemmt, jedoch von Serotonin und Acetylcholin stimuliert. Das vom Hypothalamus ausgeschüttete Neuropeptid CRH (Corticotrope Releasing Hormone) bildet das Verbindungsglied zwischen den Neurotransmittern und dem endokrinen System. CRH bewirkt in der Hypophyse die Ausschüttung von ACTH (Adrenocorticotropes Hormon). Dieses wirkt auf die Nebennierenrinde und löst dort die Ausschüttung von Glucocorticoiden, im besonderen des Cortisols aus (Hautzinger, 1997). Dieses Regel-

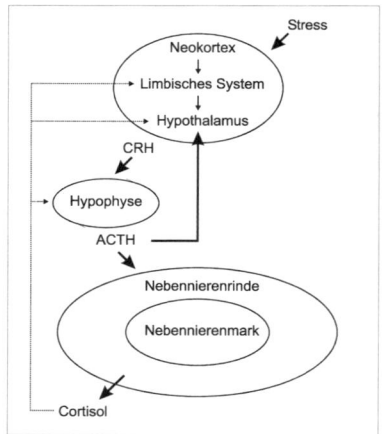

Abbildung 1:
Hypothalamus-Hypophysen-Nebennierenrinden-Achse
(vereinfacht nach Schandry, 2003)

system unterliegt einer Reihe von Einflussfaktoren, wie etwa Stress und dadurch bedingte Belastungen und Aktivierungen, die zirkadiane Rhythmik sowie möglicherweise ein individueller Set-Point im zentralen Nervensystem, der Regulations- und Gegenregulationsvorgänge steuert (ebenda). Weiterhin besitzt Cortisol Rückwirkungen auf zentralnervöse Prozesse. Schon seit längerer Zeit ist bekannt, dass Depressive im Vergleich zu Manikern und Gesunden erhöhte Cortisol-Konzentration in Blut, Urin und Liquor aufweisen (Rubin & Poland, 1983; zitiert nach Hautzinger 1997).

Ein dafür spezifischer Indikator ist der Dexamethason-Supressions-Test (DST-Test): Bei Gesunden unterdrückt die Einnahme von Dexamethason die Cortisolproduktion um 24 Stunden. Bei manchen Depressiven findet man aber schon viel früher wieder Normalisierung der Cortisol-Produktion. Diese Besonderheit gilt als Hinweis für eine Hyperaktivität der Hypothalamus-Hypophysen-Nebennierenrinden- Achse bei Depressiven. Zudem finden sich bei Depressiven in der depressiven Phase eine Reihe weiterer Veränderungen wie etwa erhöhte Frequenz, Anzahl und Stärke der Cortisol-Ausschüttungsepisoden sowie eine Störung des zirkadianen Profils der Corisol-Ausschüttung (Hautzinger, 1997). Leider ist der DST-Test nicht spezifisch für bestimmte Formen der Depression; die Hoffnung auf einen eindeutigen Test für endogen-unipolare Depression wurde enttäuscht (Berger, 1999). Trotzdem weisen diese Befunde zumindest bei manchen depressiven Patienten auf eine Enthemmung der Hypothalamus-Hypophysen-Nebennierenrinden-Achse hin, was verschiedene Störungen des depressiven Spektrums erklärbar macht. Außerdem ist aus dieser neuroendokrinologischen Störung recht plausibel zu folgern, dass bei Depressiven das limbische System in seiner Funktion gestört ist, insbesonders das Belohnungs- und Bestrafungszentrum (Carroll, 1983; zitiert nach Hautzinger, 1997).

Die starke Cortisol-Ausschüttung bei Depressiven kann auch mit den unter 2 genannten Neurotransmittervorgängen zusammenhängen: hohe Cortisolspiegel können die Dichte der Serotoninrezeptoren vermindern und die Funktion der noradrenergen Rezeptoren beeinträchtigen (Köhler, 1999).

3.2 Hypothalamus- Hypophysen- Schilddrüsen- Achse

Dieses neuroendokrine Regelsystem (Abbildung 2) ist möglicherweise für bipolare Störungen von Bedeutung: Erkrankungen der Schilddrüse kommen bei Patienten mit bipolaren Störungen besonders häufig vor. Des weiteren bestehen eine Reihe von Ähnlichkeiten zum System der Hypothalamus- Hypophysen-Nebennierenrinden- Achse: Stress, Biorhythmik und Temperatur nehmen Einfluss auf die Ausschüttung des Schilddrüsenhormon- Stimulierenden-Hormons (TSH) durch die Hypophyse. Zunächst wird die Hypophyse jedoch durch das Schilddrüsenhormon-Ausschüttungs- Hormon (TRH) des Hypothalamus zur TSH- Ausschüttung

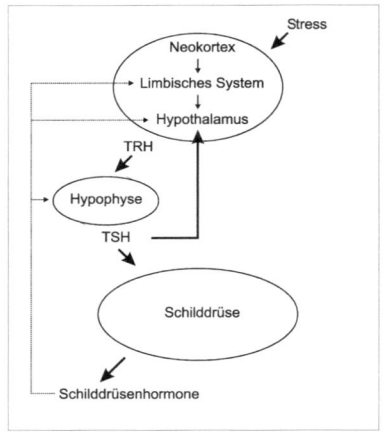

Abbildung 2:
Hypothalamus- Hypophysen- Schilddrüsen- Achse (vereinfacht nach Schandry, 2003)

angeregt. Das TSH bewirkt wiederum die Freisetzung des Schilddrüsenhormons (Hautzinger, 1997).

Depressive unterscheiden sich nicht in Menge, Niveau oder Ausschüttung dieses Hormons, sondern die zirkadiane Rhythmik der Ausschüttung des TSH weist eine Besonderheit auf: bei Gesunden findet in der Nacht während des Schlafs eine auffallende TSH-Ausschüttung statt, die Depressive nicht zeigen. Außerdem reagieren Depressive nicht oder nur vermindert mit erhöhter TSH- Ausschüttung auf die Gabe von TRH. Jedoch ist gegenwärtig noch nicht geklärt, ob dies nur in der depressiven Phase zu beobachten ist, oder ob es sich um einen „trait"-Marker handelt (Hautzinger, 1997).

Befunde von Baumgartner (1993; zitiert nach Hautzinger 1997) belegen, dass alle antidepressiven Therapien die periphere Schilddrüsenhormonkonzentration verändern. Weiterhin ist nachgewiesen, dass das Schilddrüsenhormon auf die Modulation noradrenerger, serotonerger und dopaminerger Rezeptorfunktionen, auf die Calziumhomöostase, den axonalen Transport und die neuronale Morphologie wirkt (ebenda). Leider sind diese Wirkungsweisen in ihren biochemischen Mechanismen und ihren funktionellen Bedeutungen noch nicht aufgeklärt.

4 Kritik biologischer Erklärungsansätze affektiver Störungen

In dieser Ausarbeitung wurden auf einige neurochemische sowie neuroendokrinologische Zusammenhänge bezüglich affektiver Erkrankungen eingegangen. Diese ließen sich mühelos weiter fortführen und präzisieren, trotzdem bleibt aber festzuhalten, dass es kein klares, eindeutiges Erklärungsmodell affektiver Störungen gibt (Köhler, 1999).

Zudem beziehen sich die genannten, reichlich vage formulierten Entstehungshypothesen (wenn sie denn überhaupt gelten) offenbar nur auf Subtypen der Depression, d. h. sie können nicht die Heterogenität affektiver Störungen erklären. Die genannten Eigenschaften des Transmitterhaushalts und der neuroendokrinen Systeme scheinen sich weniger auf die chronisch verlaufenden Depressionsformen (Dysthymien) zu beziehen, als vielmehr auf die phasenhaft abgegrenzten Verläufe (Köhler, 1999). Jedoch scheint es selbst in dieser Gruppe kein einheitliches Entstehungsmodell zu geben. Es bleibt abzuwarten, ob weiterführende Forschung auf dem Gebiet der biologischen Erklärungsansätze den entscheidenden Durchbruch zur Klärung und Zusammenführung der umfangreichen, teils widersprüchlichen und unzureichenden Ansätzen liefern wird.

Literaturangaben

Baumgartner, A. (1993). Schilddrüsenhormone und depressive Erkrankungen: Kritische Übersicht und Perspektiven. Teil 1: Klinik. *Nervenarzt, 64,* 1-10.

Berger, M. (1999). Affektive Erkrankungen. In M. Berger (Hrsg.), *Psychiatrie und Psychotherapie,* S. 483-566. München: Urban & Schwarzenberg.

Carroll, B. J. (1983). Neurobiologic dimension of depression and mania (pp. 163-186). In J. Angst (Ed.), *The origin of depression. Current concepts and future directions*. Berlin-Heidelberg: Springer.

Coppen, A. (1967). The biochemistry of affective disorders. *British Journal of Psychiatry, 113,* 1237-1243

Davison, G. C., Neale, J. M. & Hautzinger, M. (2002). *Klinische Psychologie* (6.Auflage). Weinheim: Beltz/PVU.

Hautzinger, M. (1997). Affektive Störungen. In K. Hahlweg & A. Ehlers (Hrsg.), *Enzyklopädie der Psychologie*. Serie II. Klinische Psychologie. Bd 2. Psychische Störungen und ihre Behandlungen.

Janowsky, D. S., El-Yousof, M. K., Davis, J. M. & Sekerke, H. J. (1972). A cholinergic adrenergic hypothesis of mania and depression. *Lancet, 2,* 632-635

Köhler, T. (1999). *Biologische Grundlagen psychischer Störungen*. Kapitel 5: Affektive Störungen. S. 97-133. Stuttgart: Thieme.

Rubin, R. T. & Poland, R. E. (1983). Neuroendocrine function in depression. In J. Angst (Ed.), *The origin of depression. Current concepts and future directions*. Berlin-Heidelberg: Springer.

Schandry, R. (2003). *Biologische Psychologi*e. Weinheim: Beltz

Schildkraut, J. J. (1965). The catecholamine hypothesis of affective disorders: A review of supporting evidence. *American Journal of Psychiatry, 122,* 509-522